VISLUMBRES

VISLUMBRES

YUAN EU LIAO

Valparaíso
EDICIONES

Número 460 de la Colección VALPARAÍSO DE POESÍA
dirigida por FEDERICO DÍAZ-GRANADOS

Diseño de la colección: Chari Nogales

Maquetación: Ciclo Creativo

Primera edición: septiembre de 2024

© De los poemas: Yuan Eu Liao

© Valparaíso Ediciones
C/ Fray Leopoldo, 7 bajo, 18014 Granada
www.valparaisoediciones.es

ISBN: 978-84-10073-92-0
Depósito Legal: GR 1422-2024

Impreso en España - *Printed in Spain*
Gráficas Gami

NOTA INTRODUCTORIA

Intento de vislumbrar luces. Vislumbres sobre nuestro mundo y la vida en nuestro mundo, vislumbres vislumbrados y encarnados en cincuenta poemas. Algunos son vislumbres sobre el amor y las palabras porque sin amor ni palabras, no existirían ni mundo ni vida para el *Homo sapiens*.

(Santo Domingo, 26-IV-2018)

I

VISLUMBRES
DEL MUNDO NUESTRO

INCONEXOS

Pedradas sórdidas del perro vecino ladrando,
¿protestas contra cadenas o encierros injustos
o serían luces de bengala reclamando atención?
Pobre, rechaza su soledad.

Centellas llamativas frente a mí atraviesan,
silicios dardos en el virtual mundo de Facebook,
jocosidades o símbolos baratos clamando atención,
triquiñuelas vetustas por mí ignoradas.

Como voces en el desierto buscando almas;
como brazos extendidos, manos reclamando otras manos,
baldíamente, ignoradas en medio de una multitud;
como las lloradas interminables del bebé abandonado.

Sedientos, hambrientos, inconexos,
sin cercanías,
sin calor.
¿Cómo quejarme ante ellos?

(Santo Domingo, 21-III-2017)

11

CONTRA VIENTOS, MAREA Y OLAS

Esa inmensidad aterradora a la que Él se enfrenta,
vientos, alta marea, olas, mar de bravura inaudita,
Él es mago que flota en una alfombra azul y blanca,
alfombra sinuosa que es cordillera de olas rugientes,
vientos y corrientes empujan las montañas movedizas de la mar,
montañas que compiten por elevarse al cielo,
Él sobreviviendo las olas y vientos despiadados,
su corazón es tambor trepidante,
su sangre corre perseguido por su tambor incesante,
nada de piedad ni compasión sienten los vientos,
Él deseando llegar a donde sueña llegar,
las olas tampoco sienten piedad ni compasión,
Él no quiere ni piedad ni compasión,
los vientos son gigantes opresores invisibles,
Él los enfrenta como bailarín de danzas zigzagueantes,
las olas son tentáculos de pulpos gigantes,
Él es inatrapable equilibrista tambaleante,
las olas son fauces de cocodrilos y tiburones,
Él es acróbata que evade las fauces marinas.

Tantas despiadadas fuerzas conspiran contra Él
—¿de qué, de quién, del azar, del destino?,
¿o es consecuencia del Big Bang o la mano de Dios?—,
todas, todas ellas se suman, se funden,
las montañas de olas,
la invisible aplanadora de los vientos
aúnan sus poderíos y se encarnan
en una garra monstruosa, gigantesca,
lista para aplastarlo y despedazarlo.

Él, extenuado, desierto de fuerzas,
trepidante su corazón grande,
su consciencia casi evaporada,
¿qué hacer?,
¿cómo vencer esas adversas fuerzas?
Rendirse no es opción, ¡no!,
nunca, nunca lo ha sido.
No, ¡no puede traicionarse a sí mismo!

Invoca su consciencia,
recuerda las voces,
recuerda sus promesas,
recuerda su anhelado destino,
recuerda a quienes lo esperan,
invoca sus fuerzas,
alza su frente y brazo.

—«¡Venid, venid vientos, marea y olas!,
¡venid, que ahora soy Aquaman y Superman!,
¡venid, venid, que allá voy!».

(Santo Domingo, 22–25-VIII-2017)

¿QUIÉN ALZARÁ ESAS PALOMAS?

No hay vida más muerta
que aquella que tema la vida.
No hay alma más temerosa de la vida
que aquella sin alas ni esperanzas.
¿Quién la dejó sin alas?
¿Quién mató sus esperanzas?

Pensadlo bien:
¿quién?

Una paloma que mira triste el horizonte,
sus alas rotas, sus vuelos son sueños imposibles,
su mañana invisible, ¿qué espera del mañana?,
está allí, tenue, blanca, solitaria, triste.
Resignada.

Me aproximo, ¿me dejará tocarla?
La miro, la tomo en mis manos,
siento su tenuidad, su tristeza,
la resignación que es su frágil lazo a la vida.
Palpo una historia vibrante que existió una vez
¿o acaso fue una mera promesa incumplida?
Camino con ella en mis manos,
recorro el horizonte que explorar ella anhela.
Acelero mis pasos,
jubilosos ambos,
corro.

Súbitamente,
inesperadamente,
me abraza la ingravidez,
el suelo se aleja de mí,
me elevo,
levito,
y con la paloma en mis manos,
y la levedad que ignora la gravedad,
y los vientos que son mi motor y vehículo,
exploro el horizonte ignoto junto a ella,
la paloma, esa paloma.

Y la paloma mueve sus alas,
alas renacidas por gracia de no sé qué,
sale de mis manos,
y me guía hacia rutas inimaginables en mis más locos sueños.

Y juntos vemos allá en la lejanía la Luz.

Observo en lontananza allá en la tierra
otras palomas tristes sin vuelos ni mañanas anheladas,
sus miradas sin luz, sus aires resignados.
¿Quién alzará esas palomas sin vuelos?
¿Quién volará junto a ellas?

Pensadlo bien:
¿quién?

¿Quién alzará esas palomas?

(Santo Domingo, 6-IV-2017)

EL RUMOR DEL VIENTO

Es un terreno pálido, casi monocromático,
sin música, sin colores, sin vida,
es tan triste, tan solitario, casi silencioso.
El dolor y la tristeza de la muerte es aquí un murmullo perpetuo
acompañado continuamente por el rumor del viento
que susurra tenazmente una anterior pesadilla,
pesadilla que las piedras y la tierra no olvidan
—ellas no pueden ni quieren olvidar—,
ni ellas ni el viento desean que olvidemos.

Aquí estoy yo caminando sobre este terreno,
y las piedras y la tierra y el viento me hablan,
escucho sus voces y palpo su tristeza,
el dolor sufrido reencarnado en otro,
la tristeza de esas almas tronchadas, la tristeza por ellas.
El rumor del viento me dice que regresarán las palomas,
que se levantarán los escombros, que volverán almas
                                                    [humanas,
que regresarán los árboles, que regresará la vida,
que a la muerte y sus compinches los desterrarán lejos, lejos.
Sí, eso escucho, que regresará la vida, sí,
pero es tan inconmensurable esta tristeza sin palabras,
es tan inmenso e inimaginable el dolor aquí ahora,
que el viento no encuentra descanso, ¡no!,
y trata de desahogarse, lo intenta obsesivamente,
invoca el regreso de la vida compulsivamente,
clama por el destierro de la muerte afanosamente,
trata de ahogar todo ese océano de dolor infinito.

¡Venid palomas, venid árboles, venid almas humanas y vida!
¡Venid, venid, venid!
¿¡Quién dijo que el viento y las piedras y la tierra no hablan!?

Sí, ellos hablan, ellos sí hablan
por todas las voces que no fueron escuchadas,
por todas las voces que ya no tienen voces,
por todas las voces que aún no son voces.

Aquí, ese aquí de lágrimas, patético y nefasto,
es el lugar abatido tras la tragedia acontecida,
el momento ulterior al suceso fatídico y nefario,
aquí, si deseas nombres,
es Treblinka y Auschwitz,
es Leningrado, Nankín, Katyn, Dresde y Varsovia,
es Hiroshima y Nagasaki,
es Verdún, Marne y Somme,
y es también Camboya,
aquí son todas ellas,
aquí son todas sus hermanas menores y mayores,
de ayer, de mañana, de hoy,
de ahora.

¡Parad, parad, que allí viene una paloma!

(Santo Domingo, 25–26-IV-2017)

17

FIN FINAL

¡Bum!
Feroz asteroide, inatrapable gigante,
en el corazón del Atlántico zambulle,
tal como impotentemente fuera días antes
anunciado a la humanidad del entero mundo
por todas las agencias de nuestro mundo.
La pesadilla del Cretácico-Paleógeno revive.

¡Bum!
Krakatoa despierta en el Pacífico,
tan inesperado como fatídico,
furiosas lavas, rojos vómitos,
fuegos volcánicos dantescos,
cual bienvenidas al asteroide,
anuncian el inicio del Final Acto.

¿Pero de qué Final Acto ellos anuncian?
Pues obvio y claro que del ser *sapiens* autonombrado.

(Un bum primero, excelente inicio es,
acompañado de un segundo refuerzo,
múltiple potencia, mejor aún es,
así claro lo entendió Luigi o Ludwig van Beethoven,
aquel gigante genio admirado,
aquel inmortal sordo de la Heroica *de 1804,*
tanta fe y confianza tenía en la humanidad,
amor por la humanidad suya, nuestra humanidad,
profundamente triste estaría en esta aciaga hora omega).

Gigantesco asteroide inesperado y fatídico,
fatídico descubrimiento dos semanas antes,
la NASA incrédula, la Agencia Espacial Europea acongojada,
las posibilidades de contención nulas
—ni misiles ni kamikazes aviones detenerlo pudieron—.
Apertrechan en las noruegas arcas del Ártico
todos los materiales genéticos y los legados del *Homo sapiens*.
Trágica noticia tal corriente eléctrica de alto vóltaje
atraviesa instantáneamente el mundo entero todo,
y los nervios de la humanidad sacudidos todos, ¡todos!

Los políticos se culpan unos a otros por irresponsables y
                                        [desprevenidos,
los científicos, incrédulos, vergüenzas sienten,
los tecnólogos, impotentes, su corta visión lamentan,
los padres a sus hijos abrazan,
los abuelos lamentan el sin futuro de sus nietos,
los esposos distanciados se reconcilian,
las parejas confiesan y se perdonan las cornadas y
                                        [cuernos mutuos,
los adolescentes lloran, abrazan a sus padres y los escuchan (!),
los hijos pródigos a sus casas vuelven.

Los religiosos a sus líderes reclaman,
allá ellos en sus inasibles y lejanas cúpulas doradas,
los católicos, ortodoxos y protestantes discuten,
mutuas acusaciones, gritos,
¿¡cómo puede ser esto!?, no aparece en la Biblia,
pero la sensatez prima luego de los sillazos y trompadas,
abrazos unos con otros, qué errores cometimos con las cismas,

otros por las Inquisiciones y la América indígena se
                                        [preguntan
que si no fueron también crasos errores lamentables,
ah, pero dejad eso así, no hay tiempo para cavar
                                [profundidades pasadas.

Los radicales del islam no saben si alegrarse o asustarse,
los súbditos incomodados por el FIN imprevisto que
                                        [arribará presto,
protestan y desafían a sus autoridades,
que si el Corán bien no leyeron,
luego de fuegos, cuchillos y disparos por días caóticos,
la sensatez prevalecer parece alcanzar:
no más atentados ni odios,
suníes y chiíes sus diferencias olvidan,
abrasad unos a los otros,
abrasad a los cristianos
—¿que si importa si son católicos, ortodoxos o
                                [protestantes?,
claro que no, tontos, ¡abrazadlos!—,
abrasad a los judíos,
abrasad a los budistas,
abrasad a los hindúes,
abrasad a los zoroastrianos,
abrasad a los animalistas,
abrasad a los seguidores de Thor,
abrasad a los ateos,
¡abrasad a todos!

Judíos y palestinos,
árabes y judíos

piedras mutuas dejaron de tirarse
ante la inminencia del FIN certero próximo,
o al menos en este mundo, en esta Tierra,
y se decidieron por el abrazo mutuo de buenos
[hermanos.

Indios y pakistaníes dijeron no más pendejadas,
frontera entre ambos abolida,
tiempo no sobra para tonterías aéreas,
¡abrazad pronto antes de que los fuegos celestiales nos
[castiguen!

Hutus y tutsis ante los ejemplos luminosos
y el FIN certero que a ellos pronto encima caerá
dicen ¡BASTA, BASTA!,
¡bajad los machetes, fusiles y puños!,
¡hutus y tutsis, perdonad y abrasad fuerte unos a los
[otros!

Armenia y Turquía fundidos en un abrazo histórico,
Turquía y Grecia se tiran piropos mutuos últimos,
Norte y Sur de la coreana península, adiós a las locuras,
[¡abrazad!

Ánimos caídos en los cazadores de inocentes animales,
sin ánimos ni fuerzas para más avariciosos disparos,
disparos de unos cuantos porque costumbre vieja no muere,
y por extrañeza de física o huelga de las balas,
búmeran es cada uno de esos tiros avaros,
y entonces hasta la vista *baby* antes de tiempo
(que no por mucho, porque sería hasta la vista *baby* en
[pocos días).

Y así otras enemistades eternas irreconciliables del *Homo sapiens*,
del autonombrado ser *sapiens* con el *sapiens* ser autodenominado,
las heridas que nunca cicatrizaban ni se curaban,
por obra y gracia del FIN inminente como certeza,
acaso iluminadas repentinamente con otras luces,
tornadas en necedades les parecieron a ellos,
y fin decretado a esas necedades perpetuas, rápido, ahora,
perdonad y cicatrizad esas heridas sin curas
antes del fuego cósmico del asteroide gigantesco.

Tantos imposibles acontecimientos por la inminencia del
                                    [FIN con mayúsculas
que muchos lástimas sienten por la necedad del ser *sapiens*,
por costumbre o inercia no pudieron suceder esas
                                    [imposibilidades antes.

¡Bum!
¡Oh, gran poder cósmico!, ¿y ahora qué es esto?

Del estante mío, libros caídos,
corto temblor telúrico es culpable,
culpable es también de despertarme de mi sueño dramático
                                    [y dulce,
privándome de ver más agrias imposibilidades tornadas en
                                    [dulzuras posibles,
y de contemplar el FIN final final con mayúsculas,
aun si tan sólo cortesía de Morfeo en mi modesto y humilde
                                    [sueño,
en esta década segunda del siglo XXI, año 2017 d. C.

                        (Santo Domingo, 18-IV-2017)

22

MILAGRO MAÑANERO

La mañana esperada arriba sin entusiasmo,
una hora prosaica sin presagio de milagros,
pero millones sobrevivieron la noche del sueño,
¿no es despertarse vivo ya suficiente milagro?

Milagro de poca monta posiblemente lo sea,
pero esta mañana no está para minucias:
¡No vino el cielo con la mañana, no vino!
¡No hay cielo!

¿¡Qué, cómo, cómo es eso,
cómo una mañana sin cielo!?

Nadie sabe, nadie sabe por qué,
ni nadie sabe describir el sin cielo,
ni el poeta fabulador sabe,
pero el mundo está sin cielo.
¡No hay cielo!

Bruma de tristeza y desesperanza,
arriba el sin cielo indescriptible,
substituto insolente del cielo ido,
no hay palabras ni tiene madre,
abajo sinfonías de lamentos y sollozos
en el pobre mundo huérfano del cielo.

Llegan conjeturas de muchos sabiondos doctos:
desplante o huelga del bendito cielo hastiado,
pobre cielo víctima de malicioso secuestro,
encarcelado el cielo por no haber pagado peaje,
muerto el pobre cielo víctima del terrorismo,
hackeo de civilización inteligente extraterrestre,
castigo del SER Comandante Supremo Arriba.

Incredulidad total, lamento generalizado,
lloran los niños que no ven el Sol ni la Luna,
lloran las madres porque sus hijos lloran,
lloran los árboles sin luz ni futuro,
lloran las palomas sin horizontes ni alegrías,
lloran los cazapalomas por falta de presas,
lloran los astrónomos porque no ven estrellas,
lloran los hombres que reclaman su cielo,
llora la Tierra porque no tiene esperanzas,
llora el poema porque no tiene cielito lindo,
llora el poeta porque su poema llora.

Aceleración al cubo en todos porque
hasta cuándo aguantará el mundo sin cielo,
qué planes ni planes,
qué testamentos ni testamentos,
¿quién podrá usarlos para provecho?

¡No hay Sol!
¡No hay Luna!
¡No hay estrellas!
¡No hay cielo!
¡No hay cielo!

Y la gente bien, la gente más o menos,
la gente menos o más y la gente mal,
todas lloran y lloran por su desaparecido cielo.

Y una multitud grande con pena recalca
que desde antaño bien antaño
nunca ha visto el cielo.

(Santo Domingo, 6-V-2017)

EL HURACÁN DEL YO DEL PRESENTE

El cielo gris secuestrado por nubarrones,
una locura orgiástica de aguas desde lo alto,
las flechas líquidas vuelan hacia la tierra,
los mares y ríos cercanos se hinchan de furia,
los caminos se convierten en ríos y mares,
los ventarrones rugen sus cantos de guerra,
sueltan bofetadas de invisibles gigantes,
son aplanadoras que arrasan todo a su paso,
los árboles y postes abatidos,
saltan los vidrios despedazados,
los techos extirpados salen de paseo,
las casas y edificios abofeteados,
la gravedad titubea y los carros vuelan.
Perdonen los árboles, ¿y qué de la vida?

¡Sálvense quienes puedan!

Vivos quedaron aquellos que pudieron,
muertos quedaron aquellos que no pudieron.
En las calles y caminos que son ríos y mares
flotan y navegan vestigios de vidas
que ya no son vidas.

Siempre han sido así.
Perdón, ¿qué!?, ¿que siempre han sido así!?

El calor, los deshielos, los océanos in crescendo,
los huracanes solían tener madres,

ahora son engendros sin padres ni madres
y aún dicen que siempre han sido así.
La ciencia tiene un oponente formidable:
el desprecio con oídos sordos y ojos ciegos.

¿Y qué les diremos a las aves, los peces y los manatíes?
¿Y los caballos, vacas y cerdos?
¿Y los perros y gatos hogareños y realengos?
¿Y los árboles y arbustos?

Dicen que siempre han sido así.

¿Y qué les diremos a nuestros hijos, nietos,
biznietos y tataranietos?

Dicen que siempre han sido así,
ni nuestras son las culpas
ni nuestros son los futuros problemas.
¿De qué cambio climático es que hablan?

El poderoso yo del presente ha sentenciado.
Pero yo tengo fe en el yo que trasciende el presente.

(Santo Domingo, 17-IX-2017)

LUIGI Y LA NOVENA

Sentía la soledad que nunca había elegido,
sentía el abandono de su más excelso sentido,
sentía el muro entre él y su sobrino,
sentía el dolor en su cuerpo y alma,
sentía el claroscuro de la vida y del mundo.

Amar y ser amado, ¿era eso demasiado pedir?
Abandonar todo, su vida incluida, pensó alguna vez.

Y sin embargo, siempre eligió la Luz,
y compuso la *Novena Sinfonía*.

Celebró la « *Liberté, égalité, fraternité* »,
lanzó su amor, canto y anhelo para la eternidad,
pudo escuchar lo que no podía oír,
pero la humanidad por él cantada,
que tanto ha aclamado a su *Novena* y a él y sus obras,
¿ha escuchado realmente bien esa *Novena Sinfonía*?

(Santo Domingo, 26-V-2017)

ROMPECABEZAS

Por fuerza de qué manos,
acaso incorregibles impulsos innatos,
el rompecabezas se descompone,
piezas encajadas desencajadas,
bordes que ya no más desean ser sino zanjas y muros,
mundos de este mundo en esta Tierra,
desgarrados, fraccionados, distanciados,
preferirían ir a otras esferas si pudieran,
¡qué necedad bordear otros armoniosamente!

¿Acaso esperabas un rompecabezas
sin fragmentadas piezas,
sin desgarros, sin colisiones,
sin muros visibles e invisibles?
¿Acaso esperabas piezas del rompecabezas
armoniosamente encajadas, fusionadas en uno?
Vanos anhelos, sueños remotos,
vacuas esperanzas.

¡No!,
se equivocó « *Liberté, égalité, fraternité* »,
se equivocó el 9 de noviembre de 1989,
se equivocó el fin anunciado de la historia.
¿Y Beethoven y Schiller?

En la lejanía inimaginable,
o acaso entre nosotros,
riéndose o sorprendidos e incrédulos,

unos ojos observándonos de seres inteligentes
de civilizaciones extraterrestres.
Esperad otros dos o tres siglos.
Mientras tanto, vengan, venid,
quisiera abrazar a todos los hombres de buena voluntad.
Sé que otros me lanzarán burlas, insultos, bofetadas,
ni faltarán pedradas, cuchilladas y disparos.

Quisiera haber nacido en el año 2500.

(Santo Domingo, 25–26-XII-2017)

AGUJERO DE DISPARO

La noche tránsfuga sin rima y de sombras,
el animal humano sin rejas sondea la selva,
las ignaras presas acechadas sin defensa,
las calles y casas y callejones y sombras,
la gente congestionada e inconexa
en la jungla de la ciudad sin dueños,
la atmósfera hiriente en la frialdad selvática,
Jack el Destripador, el Hijo de Sam,
el descarrilado sin luces ni retorno,
el macho primitivo cazador de hembras,
las olas de impulsos y avaricias sin rompeolas,
la bruma venteada por el rumor acechante,
la apatía de la selva citadina interrumpida,
la ocasión sin fecha de la desventura
cuando el instinto animal incivilizado
o la voluntad del yo de la ley de la selva
viola, golpea y asalta y roba y mata,
una víctima más atrapada,
una vida más arrancada,
o una vida por siempre marcada.
Es otra vida para las estadísticas.
Y es un agujero de disparo en la civilización.

(Santo Domingo, 2–4-I-2018)

31

CUANDO LA NOCHE TACITURNA HABLA

La noche citadina, introvertida y taciturna
—porque bulliciosa es la gente, no ella—,
ha empezado a hablar sin palabras,
en su silencio habitual nos habla, grita,
porque callada y quieta ya no puede más. ¡No!

Los borrachos de las esquinas calientes,
ruidos, música que son disparos y no música,
repentinamente quedan todos sin voces,
radios y bocinas mudos, borrachos sin parlas.
¿Orfeo enojado, sordera general? ¡No!, ¡ni Orfeo ni sordera!
Es el grito silencioso de la noche de ya no más.

Los carros simuladores de Fórmula 1,
jóvenes machos, hembras a sus lados,
machos alfa contra machos alfa,
¡runrunrunrún!,
hembras extasiadas casi orgásmicas.
¡Pum! ¡Pum! ¡Pum! ¡Pum!,
de repente neumáticos explotados,
cuatro de uno, cuatro del otro,
adrenalinas in crescendo dislocadas,
egos desinflados, éxtasis in decrescendo.
¿¡Y qué es esto, causalidad, karma, mala suerte!? ¡No!
Es el grito silencioso de la noche de ya no más.

Los violadores y asaltantes de manos armadas,
maldad en sus mentes, horror en sus manos,
aterrorizando a las víctimas inocentes,
repentinamente caen dormidos cual muertos.
¿Morfeo indignado, narcolepsia?
¡No!, ¡ni Morfeo ni narcolepsia!
Es el grito silencioso de la noche de ya no más.

Los machos por celos obnubilados,
manos alzadas, cuchillos, pistolas,
listos para asestar su golpe,
oh, pobrecitas víctimas en potencia,
¿serán más números para las estadísticas?
¡Bum! ¡Bum! ¡Bum!
Bocas que de la tierra abren súbitamente,
socavones repentinos inesperados,
los machos celosos tragados por la tierra.
¿Y qué pasó, fracturación hidráulica?,
¿Gaia enojada, se nos hunde el mundo? ¡No!
Es el grito silencioso de la noche de ya no más.

Los perros realengos, gatas abandonadas,
niños callejeros, estómagos vacíos,
¿qué van a comer?, basureros nada,
¿almas piadosas dónde están?
De repente hamburguesas y salchichas
del cielo caídas, ¡oh vida!, ¡hay esperanza!
¿Y qué es esto? ¿Acaso regalos del oriundo de Asís,
aquel bueno de san Francisco?
¡No, san Francisco está durmiendo!
Es el grito silencioso de la noche de ya no más.

Yo, sorprendido, emocionado, sobrecogido,
lanzo estas palabras encarecidas a la noche citadina:
—«Oh, noche querida mía,
seas taciturna, silenciosa,
seas introvertida, misteriosa,
seas como seas, fueres como fueres,
pero hables siempre aun silenciosamente,
¡grites, grites, grites! ¡Sigas!
¡Nunca, nunca dejes de hacerlo!».

(Santo Domingo, 4–5-XI-2017)

CAÍDA LIBRE

Historia inconclusa.
Derrumbe silencioso, sin tiempo, sin colores.
Es una caída continua,
imparable, inexplicable, estrepitosa,
cae porque sí, cae porque cae,
¿qué fuerzas hacen posible esa caída?
Blanco y negro todo, no hay tiempo,
allí frente a la pared blanca, cae sin detenerse,
no hay piso, no hay tierra,
no hay nada que detenga la caída, nada,
sigue, sigue y sigue cayendo,
y caen a su lado escombros,
caen piedras, caen polvos y cenizas,
caen juntos, no paran de caer,
caída libre, nada, nada los detiene.

Nada.

Repentinamente un roce,
algo lo roza, algo de la nada,
¿algo de dónde, algo de qué, de quién?,
¿rasguño o herida de Luz?,
una chispa brota, se enciende,
recobra su sentido,
vuelve su consciencia.
¿Por qué estaba cayendo?, ¿por qué?
Se detiene, flota inmóvil.
Empieza a subir.

(Santo Domingo, 28-XII-2017)

SIEMPRE FUE ASÍ

Hay decisiones que se toman
que nadie sabe por qué se toman.

Y luego nadie sabe
por qué nadie sabe por qué se toman.

Y luego nadie sabe
que nadie sabe por qué se toman.

Y luego nadie sabe
que en una ocasión
esas decisiones se tomaron
y nadie supo por qué se tomaron,

ni nadie supo
por qué nadie supo por qué se tomaron,

y luego nadie supo
que nadie supo por qué se tomaron.

Y sucede a veces que
no solamente el por qué,
sino también el por quién:
nadie sabe,
nadie sabe por qué nadie sabe,
y luego nadie sabe que nadie sabe,
y luego nunca hubo tales decisiones.

(Santo Domingo, 7-VII-2017 & 6–9-VIII-2017)

LA SANGRE DE ROMA

La sangre que palpita en el corazón,
surca las fibras y neuronas,
la sangre brújula y faro,
cenizas y río del pasado,
columnas y pincel del presente,
manos y arcillas del futuro,
la sangre que nos sustancia como humanos.

Que en mí sea río la sangre de Roma,
y de Hélade
y del Reino del Centro
y de todas las Romas, venga,
en mí quiero esa sangre sustancia, pero
quisiérala sin la sangre subyugada, derramada,
que cada Roma aplasta para poder ser Roma.

Una Roma noble sin sangre derramada,
o una noble sangre sin Roma sangrienta,
sangre fecunda, mía, tuya, nuestra sangre,
sangre que destierra al animal fiero,
alas que elevan nuestros vuelos como humanos.
Es la sangre utópica que clamo para el mundo.
La utopía ilusa quiere ser sueño posible.

(Santo Domingo, 14-III-2018 & 31-III–1-IV-2018)

ESPARCIR SEMILLAS

Existir y caer por donde cayó en este mundo,
de eso ni voz ni voto, ¿quién le preguntó?
Su inicio le es recuerdo imposible,
su final, un misterio intangible.
Entre luces y brumas, un camino impredecible
que certero culminará en un ignoto invisible.
He ahí su feliz y triste designio ineludible.

Él o Ella, Ella que puede ser Él, se pregunta:
¿Existe algo más grande aquí?
¿Le mira y espera algo más grande allá?
Ningún plan detallado ni bosquejo ligero, nada,
le toca ser inventor y arquitecto y carpintero,
o si tocado por la Luz iluminadora, bendito afortunado.

Ha visto la sublime humanidad del hombre
tanta como la abyecta humana podredumbre.

En su pedregoso camino alfombrado escucha un lejano eco:
«Amarás a tu prójimo como a ti mismo»
y escucha a su alrededor disparos, cuchilladas,
                              [golpes y bofetadas.

Ha absorbido sabidurías y necedades,
ha escuchado melodías divinas y ruidos espantosos,
ha sido embelesado por rayos cósmicos luminosos,
brumas innombrables le han engañado,
lluvias y vientos inclementes le han golpeado,
ríos y mares le han acariciado.

Beethoven, Schubert, Verdi y Van Gogh le han conmovido.

Oye el lejano rumor de una sirena antigua:
«No impongas a otro lo que no elegirías para ti mismo»
y oye los quejidos de los que ni pensar pueden libremente.

Ha compartido confidencias con gatos y perros,
ha conversado con pajaritos y árboles.

¿Pero ha amado?, ¿ha sido amado?,
¿sí?, ¿no?, ¿lo ha intentado?

Siente una voz antigua:
«No hieras a los otros de una forma que tú mismo
                              [encontrarías hiriente»
y siente los rugidos horripilantes de los cañones y bombas.

—«Quejarse es fácil…».
Escucha unas voces invisibles,
¡oh!, allí está la lechuza de miradas y sonrisas severas.

Ha recordado a Lincoln y Gandhi.

Sembrar, abrazar, sí,
ha recordado que debe sembrar y abrazar
para dejar el campo más fructífero y bondadoso
que aquel instante y pasado mundo que le abrazaron por
                                        [vez primera.

Ha recordado a Shakespeare, a Kant, a Whitman,
                    [a Machado, a Lorca.

Salta de su silla,
corre hacia afuera,
saluda a la Luz, absorbe sus rayos, fotosíntesis,
saluda a un hombre, saluda a una mujer,
saluda a unos niños y sus abuelos,
jubiloso, abraza a todos,
extiende sus brazos y manos en busca de otras manos,
desea conectarse y desentrañar los misterios en los otros,
anhela transformar su energía en materias bondadosas,
camina presto, corre, su mente y sus manos
                    [y piernas no descansan.
Ha empezado a esparcir semillas.

                    (Santo Domingo, 12–13-IV-2017)

II

VISLUMBRES DE AMOR

PARA LA POETA (#2)

Si el cielo cayera a la tierra,
si la mar desapareciera,
si la Luz se extinguiera,
si la hora se detuviera,
si al alfa todo volviera,
oscuridad, nada de nada,
a ti yo te abrazaría
en esa hora de la nada,
a ti, fuertemente a ti,
y cuando la explosión inicie,
no nos podrá separar,
abrazados tú y yo,
y la Luz volviendo a esparcir luces,
volveríamos a empezar
para dibujar la historia,
la nuestra, toda,
tú y yo.

(Santo Domingo, 29-XI-2017)

EL SALTO

Donde el radiante lapislázuli celeste abraza
al inquieto y majestuoso azul oceánico inmenso;
donde la efervescencia juvenil del río que nunca duerme
le canta a la parduzca tierra calmada y acogedora;
donde el alto y severo acantilado cede su orgullo
para que la indómita mar rugiente sea protagonista;
donde la meseta decidió ya no más e invoca
al abismo como dueño absoluto del espacio;
donde el verdor juvenil del pasto susurra y medita
junto a la cautiva y cautivadora agua del lago serenísimo;
donde la certeza de los gigantes inamovibles de la cordillera
negocia con la invisible incertidumbre tras la cordillera,

mirar esa línea desde lejos,
sentir el misterio,
sentir el escalofrío,
la excitación,
correr y llegar hasta allí, esa línea,
sucesión de infinitesimales accidentes,
división y unión, mutación,
dar el paso, dar el salto,
cruzarla,
junto a Ella,
agarrándonos las manos,
salto de fe hacia lo ignoto,
hacia un caleidoscopio de luces inauditas,
galaxia de posibilidades aún por nacer.

Ese salto nos espera.
Espero por Ella.

(Santo Domingo, 30-IV-2017)

LA MIRO ABSORTO

Su mirada enigmática,
¿a qué mundo es esa mirada?
Su expresión contenida que no es máscara ni piedra,
serena puerta de un vasto mundo misterioso.
En su mente un universo de chispas y meteoritos;
en su alma luces serenas, cálidas y bondadosas;
en su corazón la mar grande,
olas apacibles y olas rugientes,
y bajo lo visible todas las corrientes marinas.
Ausencia de exageraciones fingidas y no fingidas.
Maravillas ocultas, historias vividas y por nacer,
dentro de esa exterioridad serena, dignificada,
hermosa, Ella.

Mi mirada es ensimismada.
Mi deseo es tocarla, besarla, abrazarla, amarla,
y volver a ensimismarme en mi mirada.

Esa belleza serena,
que es imán, misterio y luz,
visible e invisible,
siempre palpable,
puedo quedarme absorto mirándola
por horas y horas.

(Santo Domingo, 21-V-2017)

NEBULOSAS DEL AMOR

1.

Amor,
la certeza de saber definirlo
solo está en aquel que nunca,
nunca de verdad se ha enamorado.

Enamorado,
¿cuán seguro o acertado estáis?,
¿de dónde la certeza?

¿Certeza?,
¿qué certeza si todo es nebulosa?

Nebulosa y ausencia de certeza,
¿pero qué necesaria la certeza?
El amor existe,
esa es la certeza.

2.

De la sensación nebulosa
al adjetivo y sustantivo
enamorado, oh enamorada,
del estado y ser
envueltos en nebulosa
llegar a la raíz e invocar

la palabra grande
amor, oh amor,
buscar la certeza de su acierto,
pretender captar su substancia,
delinearlo, demarcarlo,
¡qué burda y porfiada tontería!

3.

Serían por
predestinada confluencia de astros,
fortuitas circunstancias felices,
manos invisibles de no sabemos qué,
ondas residuales del Big Bang,
¿por qué serían?
Se encuentran, miran, chocan, tocan,
dos, dos entre millones,
¡dos se enamoran!
—porque de tríos aquí yo no hablo—,
supremo momento feliz, cuasimilagroso,
que algunos infortunados nunca,
nunca experimentan
—nunca, recordad muy bien eso—,
una nebulosa sin definiciones,
sin certidumbres,
¡asidlo ese momento!

4.

Amor, grande palabra hermosa,
de tantos es hermosa nebulosa,
seáis desconfiados de aquellos confiados
que definirlo saben con certeza.

Porque cuando llega el amor
no hay definiciones,
solo estrellas fulgurantes
y la certidumbre de la ausencia de certidumbre.

Tomadlo,
asidlo,
¡vividlo!

5.

Un bono extra aquí os anuncio:
Doble fortuna no a todos concedida,
perfección de vida para contados,
ser la versión suprema de cada uno
porque el amor os empujó a serla.
¿Sí? Sois bien afortunados entonces,
¡gritad fuerte, gritadlo!

(Santo Domingo, 4–5-X-2017)

III

VISLUMBRES DE PALABRAS

BRUMA PALABRERA

Triste altiplanicie
de arboleda transparente,
plano nadie consciente
donde el pluvial cuántico,
nadie ha visto,
abyecta nubosidad
de color contra-blanco,
letras conjugadas quebradizas,
nininadas vomitadas
tal torrenciales enconadas,
sentidos suyos atrapados
si tendrían algunos,
asidlos si podéis —y suerte tenéis—.
Soltadas libres
saltan cual locos conejos,
palabras dicientes
de la mistificación brumosa,
talvez por cuántica,
esencia suya capaz de atraparla
yo no soy.

(Santo Domingo, 17-III-2017)

ASPIRACIONES POÉTICAS

Dicen que nada de transparencia cristalina,
otros dicen que opacidad es ausencia de luz.
Dicen que la austeridad es un don,
¿don de qué?, otros preguntan,
¡venga sin temor la frondosidad!
No a los acertijos,
no a las directas,
no a las prédicas,
no a los tratados,
no a las nininadas.
¡Exclusiones ningunas!, ¿para qué monocromáticas recetas?
NO a los Noes,
NO a los Síes
            (de si solamente sí).

Dicen que deben bailar las palabras,
fluir por diferentes estados de la materia,
transitar por toda la no materia,
ser energía, látigos para autocomplacientes,
vientos para nacientes chispas,
chispas transformadas en fuegos,
fuegos que arrasen los mares,
mares que destrocen hielos,
hielos que se transformen en luces,
luces que sean enemigas de la frialdad,
frialdad solo si de corazón piedra,
piedra furtiva que golpee y sea vida,
vida que se transforme y no tenga límite de tiempo,

tiempo que sea ahora de ahora,
ahora que sin embargo tenga ayer y mañana,
mañana que sea el infinito y tenga audacia,
audacia encarnada en forma y substancia,
substancia que sea espejo y puente,
puente hacia todo viviente y lo infinito, eterno.

Alcanzar el cielo y el universo inalcanzable.
Sacudir, emocionar, asombrar, conmover.
Iluminar. Chispas. Rayos. Luz.

¿Lo alcanzaste, poeta o aspirante?
Alegría y felicidad, tuyas son.
Poesía y poema, tuyos y de todos.

(Santo Domingo, 22-X-2017)

MÁS SILENCIO

Las variopintas vociferaciones,
irrelevancias y relevancias,
irreverentes y reverentes,
podredumbres y áureas emanaciones,
nutren los reales y virtuales mundos.
La sabiduría del golpe del mazo:
No más inanidades ni podredumbres.
Menos ruidos, menos barahúnda.
Más silencio. Y más los silencios.

Aire reducido.

Cuidado si nos asfixiamos…

(Santo Domingo, 30-III-2017)

¿A DÓNDE DEBEN IR A PARAR LOS POEMAS?

Curiosidad, idea germinal, inspiración, chispa,
brotaron los versos, ¿por qué serían?
Concebidos a veces en tintas y papeles,
más en la luz de silicios, fósforos y electrones,
se llaman unos a otros, se enlazan,
¡y luz!, ¡vieron la luz los poemas!
Cincuenta, setenta, cien, ciento veinte…
y más por brotar esperan impacientes.
La luz del virtual universo ocasionalmente los acoge,
pero más hibernan como durmientes poemas
de bits y bytes, ceros y unos invisibles.

—«Poeta, ¿son tus poemarios acaso invisibles?
¿a dónde iremos a parar tus poemas?».

Poemas con albedrío que aspiran a ver la luz,
anhelan congregación e interacción,
desean ser poemarios de tintas y papeles
o familias de poemas en el virtual mundo,
huéspedes de estanterías,
por ojos y mentes curiosos ser examinados,
tocar mentes y corazones ellos aspiran.
Paciencia dice el poeta, que se aguanten,
pero los poemas dicen que están impacientes.

—«Callad poemas, callad,
allá vamos, esperad con calma y paciencia».

Pero los poemas dicen que están impacientes...

¿A dónde deben ir a parar los poemas?
Yo, escribidor, poeta humilde, aspirante,
escribo porque aun si mis poemas hibernen,
sean bits y bytes, ceros y unos invisibles,
un día talvez lejano, ¿cuándo?,
¿un año, cinco, veinte, cincuenta, cien años?,
despertarán de su hibernación
porque ellos tocarán alguna gentil alma
al ser ellos tocados por esa alma.

Huella de su vida, su legado aun si mínimo.
Por ese día, aun si invisible, el poeta escribe.

(Santo Domingo, 10–11-X-2017)

TINIEBLA DEL ESCRIBIENTE

Ausencia de temas, horrible tiniebla del escribiente. ¿No tendría recuerdos recónditos en algún rincón rodeado de brumas, esperando ver luces? ¿No? Mmm... Con el corazón expandido, grande, como motor y receptor, salir a dar pasos, muchos pasos por el mundo para que el mundo le otorgue temas. Transpiración y aspiración. Como por ósmosis.

EL CPU del escribidor o escribiente —este escribiente— anhela descanso, pide, demanda (pureza y ortodoxia piden que sea coco o UCP, no CPU). ¿Descanso de qué? Mmm... Sueltos andan recuerdos lejanos que desean encarnarse, quedarse plasmados en algo. ¿Algo? Algo como aquello que una apacible y delicada Emily engendraba sin cesar y con placer, pero subrepticiamente, calladamente, allá en la lejanía temporal en Amherst, Massachusetts. Pero el cerebro divaga —flojera— no los atrapa. O sí, pero no encuentra la varita de Merlín capaz de transmutaciones. No hay tal varita sin descanso ni bendición de Morfeo. Y otro imprescindible por ahí: Helio, oh, Helio, Sol, el de la Luz brillante vigorosa. El de la vitamina D. La energía. Y luego también los imprescindibles hijos de la clorofila que con su verde baño bendito males humanos curan por centenas y centenas (dicen eso en Japón, donde el Sol naciente, y yo les creo).

El escribiente ha de saludar primero a Morfeo. Y luego convertirse en caminante, ir a saludar a los hijos de la clorofila y allá a la Luz. Absorber su energía y claridad. Aspirar aire purísimo impoluto (humos sin delicadeza ni gracia pululan por lares insospechados, criminales callados invisibles…). Y entonces, solo entonces quizás engendre algo. Y aun así, no hay garantías de que lo engendrado sobreviva y se torne corpóreo, camine con vigor, llegue a donde debería llegar. Tal es su desdicha… Y también su dicha.

(Santo Domingo, 19-IV-2018)

IV

VISLUMBRES DE VIDA

CAREO ENTRE LA VIDA Y LA MUERTE

Yo, vida de luces, colores y amores,
Tú, muerte sombría, obscuridad sin amores,
sin mí no existes, sin mí nadie eres,
¿por qué existes?, ¿quién te quiere?

Oh, gran cosa, vana vida,
todo en ti termina en mí,
¿vencedor quién es al final?
Existo para que tú existas.

Tú, muerte, lúgubre eres, nadie disfruta en ti,
luces, colores y disfrutes, todos ocurren en mí.

Oh sí, claro, vida vana,
¿y los sufrimientos y los dolores y las penurias,
en mí o en ti ellos ocurren?

Tú, muerte, dicen los cristianos y Dante
que eterno tormento es el infierno,
con la terrenal penuria nunca lo compares.

Ah, vida tonta, adentrarte por allí no vengas,
¿te olvidas entonces de los que mueren
para aterrizar en el paraíso?

Necia muerte, ellos mueren pero renacen, viven.
Pero contéstame esto tú, muerte necia:
¿hay más almas en el paraíso
o desalmadas en el infierno?

Tú, vida, para renacer tuvieron que pasar por mí,
pero sigues por donde no debes,
estadísticas de esos lares desconozco,
dejemos esas esotéricas invisibilidades.

Tú, cruel muerte, tan desalmada eres que
notables hijos humanos me robaste tan a destiempo:
Abel, el noruego, Galois, Schubert, Mozart, Van Gogh...,
¿corazón más compasivo no pudiste tener acaso?

Oh, tonta vida, luminosidades no distingo,
llego cuando tú, vida, ya te agotas,
llego cuando soy llamado.

Tú, muerte, hagamos una encuesta:
¿qué prefieren los hombres,
vida o muerte?

Vana vida, tiempo no pierdo ni me preocupo,
preferencia cual sea, todos llegan a mí.

Muerte necia, soberbia eres en demasía,
hombres de vida buscan tu muerte,
esperes por la muerte de la muerte.

Oh, vida ignorante, esos tontos soberbios,
si muero ¿en qué tú te convertirías?
Y a ti, vida, lanzo esta otra pregunta:
¿si a ti te prefieren, cómo explicas
todas las armas que a ti te reniegan
y a mí me alaban y proclaman,
y por qué los autogoles contra vidas propias?

Muerte necia, son anomalías temporales,
mi evolución continúa con brío y fuerza,
y tornará invisibles esas irregularidades.

Oh, vida, pobre vida, sin mí no evolucionas,
y cuides bien por si tus criaturas humanas
se tornan traicioneras y finalmente
sea yo la victoriosa última absoluta.

Calla, calla, lúgubre muerte,
tú, aborrecible, ya mal me caes.

Ah, vida vana y tonta, mala es tu fortuna,
suerte para deshacerte de mí no dispones.

¡Calla, calla!, ¡muerte envidiosa e inmunda!
¡Aléjate lejos!, yo sigo con mis luces y amores.

Ah, vida, vida vana e ilusa,
grites, grites y más que grites,
aquí te espero.

(Santo Domingo, 15–16-VI-2017)

GUACHIMÁN

Este bosque de calles sin dueños,
estas horas de Luna y estrellas,
sombras y obscuridades, de Morfeo me escapo,
los ojos acechantes de los guachimanes.

¿Y ahora qué?
¿Ojos poco amigos, por qué me acechan?

—«Mi hijo, las calles a esta hora comen gente, ¡recógete!».

—«Tranquilo señor guachi', no pasa nada, vengo en paz,
[voy en paz».

—«Oh, ¿iy es cuestión de que tú estés tranquilo y en paz!?».

Paz, paz, la mía paz, dice el guachimán que eso no es
[suficiente.

Ojos acechantes, ojos cansados,
ojos que huyen de Morfeo,
ojos que sueñan con su esposa e hijos y amantes,
paz desea el guachimán para no disparar,
paz desea el guachimán para no ser disparado,
¿pero paz, paz completa de verdad,
paz de seres civilizados y amansados que no muerden,
de qué vivirá el guachimán?

El guachimán tiene su sueño,
sueño para ser cantor de serenatas,
sueño para ser maestro de karate y yudo,
sueño para estudiar y dejar su pistola,
sueño para amar y dormir sin alterar su ritmo circadiano,
sueño para ser encantador de las noches que no coman gente,
sueño para no más guachimanes ni de día.

Unos truenos perrunos lanzados contra
este caminante insomne,
unos agudos cantos de guerra de felinos en celo,
sombras invisibles, sonidos inaudibles, espíritus y fantasmas,
el malestar de este bosque de calles sin dueños.

—«Tranquilo, mi hijo, que a eso no es que tienes que temerle».
La sabiduría del guachimán que tranquilizarme desea.

Y el guachimán sueña y sueña,
y el guachimán tiene su sueño,
y el guachimán me contagia su sueño.

(Santo Domingo, 8-VII-2017)

VERBO SILENCIOSO (#1)

¿Dónde está el cuerpo de la belleza
en el desnudo silencio del verbo?

• • •

Juan Ramón Jiménez y José Ángel Valente,
en sus voces postreras,
(y Giuseppe Ungaretti),
ángeles de verbos silenciosos,
no sé si envidiarles
o criticarles.

• • •

Porque el silencio busca sobrevivir
en medio del bullicio inmundo,
cierro mi boca,
callo.

• • •

El silencio de esta madrugada
retorna mi condición humana
en detrimento del animal
que responde a estímulos.

• • •

Y sin embargo,
gritos lejanos, silenciosos gritos,
dejar de escucharlos
no puedo.

• • •

Callar
cuando puedes no callar
y otros son callados,
pura cobardía.

• • •

Calla, calla,
¿quién pidió esas palabras sobrantes?

• • •

Misterio en el silencio,
¿misterio por ausencia
o substancia real tiene?

• • •

A veces las palabras
prefieren ver luz.

• • •

Adentro en el verbo silencioso
y me ha gustado.
Mas no olvido
la selva de las palabras.

(Santo Domingo, 1-VII-2017)

LIVE STREAMING

0.

Fichas de ajedrez en un tablero terrenal lejano,
¿libre albedrío o marionetas de manos invisibles?,
allí las veo, sus pasos adivino, veo lo que no ven.
Observo ese limitado tablero, no me ven,
otros están observando el gran tablero,
y otros, divinos, extraterrestres, humanos,
están observando a esos observadores.
Tampoco los veo.

1.

Aquí en mi espacio privado,
ruidos y truenos aquí no entran,
de vidas y paisajes contemplo maravillado,
momentos de tierras lejanas
mágicamente revividos al instante
en imágenes de fósforos, electrones y silicios,
interés sin voyerismo sino por humanidad,
transmisiones en directo que afirman y recuerdan
las bellezas visibles e invisibles de este mundo,
luces que conectan con aquel que permanece vivo,
vívidamente vivo más allá de comidas y respiros,
vivo de saberse parte del mundo y darle vida al mundo,
mundo mío, nuestro mundo,
pequeño planeta Tierra de vidas, vidas y vidas,

infinitud de luces, formas y palpitaciones,
cercanas y lejanas, suyas,
nuestras.

2.

Y heme aquí confinado a mi espacio,
celebrando las hazañas de dos cigüeñas y sus crías,
en Alcalá de Henares y Madrigal de las Altas Torres,
y esas dos cigüeñas heridas, sin vuelos ni otras tierras,
que continúan dando y cuidando vidas
allá en un diminuto punto del mapa llamado Makov.

Y heme aquí confinado a mi espacio,
contemplando las madrugadas de la piazza del Comune,
aquel pueblo Asís del bueno de Francisco,
aquel amigo genuino de pobres y animales,
esperando por un milagro de su aparición.

Y heme aquí confinado a mi espacio,
admirando la veneciana plaza de San Marcos
y los barcos arribando a su mar eterno,
mirando el puente Rialto y sus barcos y cafés,
su gente e historia. ¿Cuándo aparecerá Antonio Vivaldi?

Y heme aquí confinado a mi espacio,
viendo admirado el fiordo de Geiranger
y su Sol que no duerme,
acechando almas en el puente Bessières de Lausana,
saboreando el azul intenso del mar de Dubrovnik,
sintiendo la montaña y plaza de Grand Targhee en Wyoming.

Y heme aquí confinado a mi espacio,
deseando tener catorce vidas paralelas
para visitar simultáneamente todos esos lugares
y tantos otros lugares, tesoros ignotos,
y compartir todas las maravillas sentidas
con almas gentiles en todos los rincones.

3.

Las palomas solían venir a mi alféizar,
su plaza de reunión y citas,
testigo de sus enamoramientos,
escuché sus andanzas heroicas,
y a volar con ellas reiteradamente me invitaron.
—«No gracias, no puedo ahora».
Partieron, dejaron de venir, desistieron.

Dije que me convertiría en una gaviota,
y caballo salvaje y ballena azul y oso polar blanco.
Es tiempo de ejercitar mis músculos,
aguzar mis oxidadas alas,
brincar, levitar, practicar mis vuelos,
para irme a volar con las palomas,
antes de convertirme en gaviota.

(Santo Domingo, 30-VII–1-VIII-2017)

MÚSICA FLASHMOB

Almas que desean alegrar otras almas,
cual lluvia repentina en un día soleado,
aparecen sin ceremonias ni aviso,
en la multitud se funden
y empieza la función.

Por minutos es magia para todos:
música que a todos encanta,
voces que atraviesan siglos,
hechizo que es invocación y evocación:
he ahí la humanidad común de todos,
de ayer, hoy, de mañana, de siempre,
puentes que conectan, almas que nos emocionan,
sueños y sentimientos compartidos nos contagian.

Finaliza la música, tocadas las almas, aplausos.
Las gotas repentinas del cielo soleado cesan.
Desaparecen sin ceremonias ni aviso.

La larga germinación previa
y la ardua posterior resaca
permanecen invisibles.
Permanecen las almas rociadas
por esa invocación y evocación.
Permanecen los videos en YouTube.
Verlos me emociona casi siempre,
algunos irremediablemente me conmueven.

(Santo Domingo, 31-VIII-2017)

TUNTUNTÚN

Salir, caminar, sangre que corre por las venas, tuntuntún, tambor que marca pasos, tuntuntún, adrenalina, tuntuntún, dopamina, tuntuntún, serotonina, el mundo cambia de color, tuntuntún, el cerebro vuela, tuntuntún, caleidoscopio de ideas, tuntuntún, energía potencial a cinética energía, tuntuntún, allí está el mundo, tuntuntún, allí están el cielo y la mar, tuntuntún, sigue sube, tuntuntún, sigue sube, tuntuntún...

Sigue, no te detengas.

(Santo Domingo, 22-VIII-2017)

ARMAS PROPICIAS

La ciudad es un territorio exploratorio
para este explorador solitario,
paseo por sus zonas de verdor de vidas,
saludando las aves y floras desconocidas,
la mía vida respirando exuberantes vidas;
y en los entresijos del pasado de historias congeladas,
converso con las ánimas de los siglos extraviadas;
y en esas torres de Babel de ofertas y demandas,
centros comerciales y plazas, tiendas conglomeradas,
la mía vida se reaprovisiona, y es tentada
por colores, formas y aromas no siempre necesarios.

Solitario en mi yipeta todoterreno,
descubriendo lo ignoto e interesante,
descifrando lo descifrable
de esta primada ciudad de América.
La ciudad es una fiera que intento domar.
Arma propicia para domar cada fiera,
mía yipeta para mi ciudad fiera.
¡Oh mía yipeta tenaz y resistente!,
¡sin ti qué serían de mis exploraciones!

Y yo sueño también con conquistar otras fieras:
la fiera de las aguas de los mares y océanos infinitos
y la fiera de las tierras de nuestro entero mundo,
todas sus brillantes ciudades pobladas de pasados,
cautivantes huellas de luces de antaño,
donde también fluyen las energías hacia el futuro,

y todas las gloriosas faunas y floras multiformes
de nuestra Tierra querida.
Mas noto que armas propicias para esas fieras no poseo.
No ahora, no mañana, tengo que fabricar mis armas.

Y desde que desapareció mi yipeta al ser herida
por otra arma descontrolada en la ciudad fiera,
¡bum!, choque estrepitoso de la nada salido,
he notado y sentido que divisiones infranqueables
e invisibles han nacido para este solitario explorador,
lo cercano es ahora tan lejano e invisible, inalcanzable.
Tan pocas exploraciones posibles sin esa yipeta,
inconquistable es la fiera, yo sin el arma adecuada.

Porque cuán fiera se torna la vida fiera,
cuántos infranqueables muros invisibles
la fiera vida con ferocidad levanta
a 360 grados, islas dentro de continentes,
solo porque no se posea las propicias armas
para domar la fiera.

Aquellos sin armas propicias para la vida fiera,
desheredados, despojados, heridos, abandonados,
ya quisiera ser yo mago y llegarles mis manos.
¡Levantad todos! ¡Haced y rehaced vuestras armas!

Varias fieras yo sueño domar.
Sí, yo estoy afilando mis armas.

(Santo Domingo, 20-X-2017)

LA MIRADA DEL NIÑO PRIMAVERAL

Niño primaveral
de cinco primaveras,
en su cama tendido,
el cielo limitado de su habitación
él miraba silencioso,
él solitario y soñando,
no veía las limitantes fronteras
de ese pequeño mundo,
oía y escuchaba el mundo fuera de ese mundo
—y esto no es fábula, creedme—,
veía los exteriores sonidos sin verlos,
los pasos por los pasillos, gente, sus sonidos,
sonidos transformados en imágenes vívidas.
Niño primaveral
que sentía a distancia esos sonidos y hechos,
hechos y movimientos vistos por él sin verlos.

Hombre estival
—y con el otoño ya amenazando su arribo—
que sueña con volver a ese niño primaveral,
para ver desde la distancia lo invisible,
sentir vívidamente la vida en sonidos invisibles,
y así acaso los puentes inexistentes o inconexos
y las paredes fronteras limitantes
dejen de ser limitantes,
y él pueda tocar los seres de sonidos distantes.

Sentirlos, tocarlos, contagiarlos.

(Santo Domingo, 3-XI-2017)

VACÍO [VERBO SILENCIOSO (#2)]

Vacío vacío, el vacío,
vacío saturado, vacío invisible,
artimañas y disfraces del vacío,
¿qué vacío con todo alrededor?

• • •

Quería hablar,
pero había un vacío.

¿Cómo era posible
escuchar o saber o amar
si todo era un vacío?

• • •

A tan cercana distancia,
tan visible, tan palpable,
quería acercarse,
pero había un vacío.

• • •

Había gritos de alegría,
rebosantes júbilos,
luminosidades áureas,
las manos se extendieron,
buscaron otras manos,
pero había un vacío.

¿Dónde?

•••

Embriagante camino
hacia el anhelado valle de promesa,
abatió bestias,
tragó fuegos, detuvo ríos,
esfumó huracanes y tornados,
abrió túneles en cordilleras.
Arribó finalmente al cofre deseado,
pero había un vacío.

•••

Entró al templo de la sabiduría,
custodio de todos los saberes,
vio los volúmenes en sus estantes,
ansioso los abrió uno a uno,
pero había un vacío.

¿Dónde?

•••

Clímax de saturación,
monumental explosión,
barrida de los unos y los otros,
un inconmensurable vacío.
Un vacío vacío.

•••

La Luz lanzó sus rayos
a donde era la oscuridad,

¿pero qué iban a iluminar
si solo había un vacío?

• • •

Buscó la Luz,
encontró ausencia de Luz,
Luz tragada por el vacío.
¿Dónde está la esperanza?

• • •

Esperanza, ¿qué esperanza?,
¿la siempre del mañana y futuro,
del presente ignorado?,
¿qué esperanza?

Opio del presente, no,
sin esperanza no hay vida.

¿Pero dónde?

• • •

No, no,
esperad, esperad,
aún no es el fin.
Ved, allá lejos, lejos, en la lejanía,
allende esta inmensidad de vacío,
aún existe una gota de Luz.

(Santo Domingo, 20–25-VII-2017)

LUCES FESTIVAS NAVIDEÑAS

La luz brilla, desaparece y regresa,
luz inquieta como todas sus hermanas,
luces gemelas cual bandera llamativa
colgante en el alto precipicio central,
corazón del centro comercial,
ordenadas y sincronizadas,
son un escuadrón de luciérnagas:
brillan y apagan en sincronía.

Contemplo ensimismado esa luz,
brillo y oscuridad sus encarnaciones,
¿qué razón su condena a esas palpitaciones?

Ah, sí, es el misterio y la vida,
sí, la vida.

(Santo Domingo, 7–8-XII-2017)

FUMADOR PASIVO

Brote lejano, larga travesía,
humo brumoso, nicotina su hechizo,
olor paraíso, embriagador veneno,
deniégole cobijo, necio serpentino,
oportunista desvergonzado,
adéntrase sin invitación ni bienvenida,
tráquea y bronquios embestidos,
alvéolos abatidos,
pulmones invadidos,
¿consideración a dónde?,
malignas células a la espera sonrientes,
maldígole su existencia, ¿acaso escucha?,
culpable execrable desaparécete,
mente ofuscada sin respiro puro,
aire prístino, oxígeno purísimo,
necesito contraataque.

(Santo Domingo, 14-XII-2017)

TRÁNSITO POR LA VEREDA

Tierra, grama, hierbas,
vereda improvisada,
mis pasos, el camino,
yo encantado,
verdor vibrante,
casa de árboles,
hojas y flores variopintos,
aves multiformes y trinos,
niños correteando,
ladridos efusivos de perros,
alegría los padres,
colores, formas, olores, sonidos, movimientos,
música de la Vida,
yo agradecido,
aire espléndido,
infinito lapislázuli,
Luz luminosa,
yo embelesado y acariciado
por toda la magnificencia
visible, audible, respirable,
deslumbrante, inalcanzable.

Y sin embargo,
sombra en mi mente y alma,
duda, una duda:
¿qué vidas ignoradas en grama y tierra
mis pisadas estrujan y anulan
en esta improvisada vereda?

Dadme fuerza,
¡oh tierra, aire, Vida, infinito, Luz!,
dadme fuerza,
concededme la capacidad
para poder elevarme,
levitar,
y así pueda transitar mi camino
sin pisar vidas.

(Santo Domingo, 17-XII-2017)

ESTRELLAS EN REPOSO

(A Nicanor Parra, fallecido el 23 de enero de 2018)

Huellas dispersas adornan el camino,
piedras, oteros, bosques, valles, precipicios,
a ellos busco, con ellos me encuentro,
y canales y lagos y ríos y mares,
tropiezos y brincos, bordeo sus orillas,
o me adentro en ellos, me sumerjo, exploro,
y hondonadas y cordilleras y cavernas,
o directo por sus centros atravieso,
y peñascos monumentales y acantilados,
y tomo sus corazones en mis manos,
¡miradme, habladme, decidme!,
y azules oceánicos e infinito lapislázuli arriba,
¡enseñadme vuestras bellezas y luces!,
¡reveladme las esencias y las otras lumbres!
Yo, herido, marcado, hechizado,
sacudido, vívido,
vivo, más vivo, palpitante,
a veces estremecido,
conmovido.

Huellas dispersas adornan el camino,
clamores soterrados, veladas llamas,
vestigios de almas luminosas en descanso,
luces sin descanso.

Estrellas en reposo, no muertas.

(Santo Domingo, 23–24-I-2018)

LA LÍNEA

Llegar al límite del mundo,
lo conocido y lo ignoto abrazados,
la línea nunca antes traspasada,
saber que el siguiente paso
podría ser el último
o el primero.

Gritos del gentío en la espalda,
seísmos y maremotos en el corazón,
chispas y nubes en la mente,
es el momento decisivo,
el instante irrepetible,
la decisión.

¿A dónde caigo yo?
Loor a la bravura.

(Santo Domingo, 30–31-I-2018)

DUERMO, Y LUEGO EXISTO

Mientras por Morfeo ignorado
o a Morfeo su reino ignores,
a Descartes mejor descartes,
ausencia de Morfeo y su gracia,
pienso, y nada existo.
Duermo, y luego existo,
sueño, y luego soy.
Error o condena de diseño,
es la sentencia de la vida.

Y soy porque alzo mis sueños.
(Y a Descartes no he olvidado).

(Santo Domingo, 7-IV-2018)

NOCTURNA LLAMADA DEL SILENCIO

Sí,
es la nocturna llamada del silencio,
hueste de sueños sin asomos,
lumbres escondidas por brumas,
que retorna en la hora de nadie,
cuando los embates bulliciosos,
ineludibles minucias vitales,
decretan tregua y estás solo,
solo frente a ti mismo y más nadie,
para demandar tu respuesta,
tu razón de su abandono u olvido.

Dale razones de diamantes y osmios
o vacía los osmios de tus alas.

(Santo Domingo, 28-XII-2017)

ATRAPA ESA LUZ

Ante la Luz profusa e inmensa,
tu mirada herida,
captura imperfecta,
nimios tus sentidos,
desbordados.
No obstante tu capacidad imperfecta,
¡atrapa esa Luz!

(Santo Domingo, 18-IV-2018)

LLAMADAS Y MISTERIOS

Las yerbas y gramas son dueñas del terreno
en la noche muda de grillos que desafían el silencio,
hay luces en esta oscuridad, sí,
la Luna sonríe a las estrellas de luces inmemoriales,
pero aquí en esta tierra frente a mí, ¿qué brillan?
Un ejército de luciérnagas me contesta,
luces que se elevan con sus llamaradas y misterios,
llamaradas que son llamadas,
llamadas para insomnes que no han abandonado sus sueños,
en los misterios se inspiran para sus sueños de luces.
Y no hay misterios sin oscuridad ni llamas.

(Santo Domingo, 8-II-2018)

PLEGARIA (#2)

Concededme
la majestuosidad de la ballena azul
y la gracia magnificente del albatros
para explorar las distancias ignotas del mundo;

permitidme
la audacia del león
y la ferocidad del tigre
para enfrentar las oscuridades del mundo;

otorgadme
la resistencia del toro y camello
y el supremo estoicismo del pingüino emperador
para no desfallecer ante la crueldad del mundo;

dadme
la agudeza del águila
y la nocturna visión del búho
para ver lo invisible de la vida;

conferidme
la agilidad suprema del guepardo
y la zambullida inigualable del halcón peregrino
para atrapar los momentos inatrapables de la vida;

proporcionadme
la libertad del caballo salvaje
y el espíritu independiente del gato
para poder vivir la vida;

transmitidme
la nobleza y fidelidad del perro
y la memoria y nobleza del elefante
para ser un hombre digno de ser hombre;

enseñadme
los secretos de los árboles y plantas
para absorber la luz y hacerla vida;

irradiadme
la conciencia universal de los hombres sabios
y la sabiduría sin falsas lágrimas de la naturaleza
para poder ser un hombre digno de la vida,
y de todas las vidas.

(Santo Domingo, 29-XII-2017)

¿PUEDE?

¿Puede la mar, que es mar, ser mar sin ahogarse?
¿Pueda la tierra, que es tierra, ser tierra sin hundirse?

La fisión nuclear ser vislumbrada sin parir bombas, ¿puede?
La inteligencia ser inteligente sin matar la inteligencia, ¿puede?

¿Puede la riqueza ser riqueza sin empobrecer la riqueza?
La luz, tan luminosa, ser luz sin asfixiar matices
ni encarnarse en armas de muerte, ¿puede?

¿Puede Van Gogh ser Van Gogh sin sufrir ni pasar hambre?
¿Puede Gandhi ser Gandhi sin morir asesinado?

¿Puede el amor ser amor y sobrevivir el odio?
¿Puede la bondad ser bondad y sobrevivir la maldad?

¿Puede el mundo ser mundo sin separar mundos?
¿Puede el hombre ser hombre sin matar hombres?

La cima de la vida, que es vida,
ser vida sin destruir la vida, ¿puede?

Ingenuas preguntas,
sin malicias concebidas,
retóricas sin destinos,
provocaciones que no provocan, ¿o quizás sí?

¿Puede el poeta
lanzar esas inocentes interrogantes de si puede
sin ser tildado de kitsch ingenuo,
cantor de palabrerías pretenciosas,
vago cursi o soñador sin oficio
por muchos de aquellos que hayan tenido la fortuna
o el infortunio de toparse con esas palabras?
¿Puede?

No, no puede…

        Pero él insiste…

           (Santo Domingo, 13–14-V-2017)

LUNA SANGRANTE DE AZUL Y SANGRE

Luna grande sangrante de azul estirpe,
y más en misterioso velo de total eclipse[1],
¿qué más quieres y pides? Cuéntame,
¿se acabará el mundo tras la sangre de Luna?
Luna súper a mí siempre me esquiva,
verbo lunar escaso, tal parece, yo adolezco,
seducir a la Luna, tamaña encomienda,
quizás deba invocar a Federico, poeta lunar magnífico.

Pero heme aquí llamándola en mi intento:
Luna, Luna, superLuna,
grande Luna sangrante de azul estirpe,
tu velo muéstrame, pero tu luz necesito,
Luna venga,
Luna te espero,
y no hay vanidad ni capricho en mi llamada,
tu luz sin brasa ni hiriente necesito que ilumine
las menudas cosas, individuales bellezas,
y deje oscuras las fealdades tantas
o tiña de azul o roja sangre a ellas todas.
Porque busco la belleza de lo menudo,
individual, asequible,
sin escala grandiosa,
sin la conjunción total,
porque es escasa la belleza de lo conjunto,

[1] El 31 de enero de 2018 ocurre el fenómeno astronómico de la superluna de sangre y azul coincidente con un eclipse lunar total. Ver: "'Super Blue Blood Moon' Coming Jan. 31", Tricia Talbert ed., NASA, 18-I-2018, https://www.nasa.gov/solar-system/super-blue-blood-moon-coming-jan-31/, consultado 31-I-2018

porque la unión de bellezas individuales no siempre es belleza,
porque la belleza épica sobrecogedora,
grande, conjunta, total,
me es ahora lejana en tiempo y espacio,
a ella, tan esquiva y lejana, no renuncio,
la busco y la encontraré, mas no ahora.
En las menudas bellezas me refugio ahora,
a ellas contemplo, siento y retrato,
Luna querida, mi Luna, ilumínalas.

(Santo Domingo, 30–31-I-2018)

OTRO MUNDO EN ESTE MUNDO

Hay otro mundo en este mundo,
ajeno a este mundo,
ajeno a ti, llamándote,
por ti espera ese mundo.

Recóndito por algún lugar invisible,
un bosque de espesura impenetrable,
sus misteriosas luces, luminosas, inasibles,
¿sus rayos de qué, de dónde?,
sus criaturas sin ancestros,
aullidos irreconocibles,
no te muerden si no muerdes,
su aire impoluto, atmósfera multicolor,
su primigenia agua virginal,
sus colores jamás soñados por el arco iris,
sus sonidos armónicos sin nomenclaturas,
música inaudita que hechizaría a las ballenas,
Mozart y Beethoven llorarían al escucharla,
sus formas y paisajes indescriptibles,
ni Homero ni Dante, ni Goya ni Van Gogh imaginarían.
Sus ánimas, presencia sentida, transparencia invisible,
sus voces atemporales en murmullos imperceptibles.
Esa espesura y sus murmullos luminosos de alguna Luz,
por ti espera ese mundo.

Y Tú, captes esa llamada, tomarla.
Salgas a buscar esa espesura invisible,
verla, reconocerla, encontrarla.

Entres sin invitación ni preguntas,
entres sin cohibición y mires todo,
aspires, bebas, escuches,
palpes todo, contemples todo.
Escuches los murmullos de las voces atemporales,
lumbres luminosas.
Absorbas todo, todo.

Entonces saldrás imbuido de todo,
y con tus pasos tras salir,
vuelto a este mundo,
desprenderás partes de ti,
con cada paso tuyo volarán
estelas de esa luminosa espesura,
semillas y luces dispersadas,
hasta que dejes de existir.

Y quizás entonces regresarás a ese bosque.

(Santo Domingo, 20–21-XII-2017)

AZUL Y ROJO DE UN 14 DE FEBRERO

Una música azul escucho ahora,
la música azul de Preisner para Kieślowski,
hiriente música, acariciante, ¿a quién no conmueve?,
pero tan contaminada está por murmullos y gritos
de la gestación de un lejano edificio,
ruidos que abaten bellezas y vidas.
Afuera es el Sol vespertino del trópico
palidecido por lágrimas de impulsivas lluvias
de este nublado día de un 14 de febrero,
todo el ambiente es azul profundo,
tan profundo como lo podía imaginar Van Gogh,
imagínate la magia de la *Noche estrellada*
o la *Noche estrellada sobre el Ródano*.
Sí, percibo tu azul profundo, pero darme Van Gogh,
darme tu clave para poder ver las luces de este azul.

Y es que recuerdo que Kieślowski nos dejó a destiempo
(y no hablemos de Van Gogh)
y hace cuatro días partió mi amigo Luis Belliard,
igual a destiempo, tan imprevista partida,
vida, ¡oh vida!

¿Es acaso Día de San Valentín?
Sí, 14 de febrero, San Valentín.
Abarrotadas calles y tiendas,
sinceros regalos sentidos,
o solo para impresionar o compensar,
furtivos amantes en moteles llenos,

amor en promesas y promesas de amor,
rojas pasiones, amor, ¿se aman de verdad?

Del azul profundo de Van Gogh y Preisner y Kieślowski,
al rojo de San Valentín, sí, San Valentín,
el mismo rojo de la trilogía de Kieślowski,
rojo de amor, rojo de la pasión por la vida,
la pasión de Kieślowski por su vigoroso arte,
la pasión de Luis por el ajedrez y la vida.

Pasión y amor, ¿se aman de verdad?
Decirme con sinceridad,
¿lo intentan?, ¿lo han intentado?

Rojo de sangre de vida,
rojo de amor y sus heridas…

(Santo Domingo, 14-II-2018)

VISLUMBRES DE LA HORA VEINTIUNA Y MEDIA

Han pasado veintiuna horas y media desde que nació hoy,
¿pero quién imaginó y dibujó este hoy?

Nueve y media de la noche es noche real en este febrero
[tropical,
del supermercado rumbo a mi cueva porque el fin de
[hoy se aproxima
y porque sus fauces se muestran en sus horas de ocaso,
pero hoy la noche tiene otros planes.
Las caricias de sus brisas seductoras,
su templada temperatura generosa,
tan lejana al calor tropical mordiente,
me invitan a olvidarme de mi cueva y de horas.
Me atrapa un banco de la grande avenida,
miro el magnífico centro comercial al otro lado de la avenida,
¿qué miro?, ¿acaso sus luces atrayentes?
¿o sus hechizos de colores y formas visibles e invisibles
deseando atraparme como una neblina en sus entrañas,
dejarme una herida sangrante en mi cartera y conciencia?
No, no esta vez, no me dejo morder esta noche.
Ojos biónicos o capacidad extrasensorial no poseo,
de Superman tampoco estoy emparentado,
pero esta noche mi mirada atraviesa paredes,
percibo y veo más que el viaje de mi vista,
vislumbro escenas allende el edificio al frente.

Vislumbro un nocturno cielo estrellado,
un alto mirador y el barranco y más allá,
cálidas casas que son constelación de luces,
optimismo de vidas que fecunda la tierra.

Vislumbro una lejana playa extensa de olas leves,
nocturnos disfrutes de gente diversa aglutinada,
toboganes y columpios para niños alegres,
canes correteando con infantes bajo luces.

Vislumbro aguas cristalinas secuestradas por el calmo lago
bordeado de altos árboles quitasoles vivientes,
lago espejo de luces inmemoriales y la Luna fulgurante
y de sus empinados vecinos de vidas vibrantes.

Vislumbro un río indomable que sin embargo no muerde,
aguas hiperactivas en renovación constante,
prado y quitasoles vivientes son sus fieles compañeros,
y una solitaria lancha apagada, ¿pero qué lancha esa?

(Visiones y vislumbres de vida,
¿sueños de inexistentes realidades
o sueños de posibles realidades?
Sueños rebosantes de vidas vibrantes,
¿por qué se acallan y apagan, o sus chispas nunca brotan?).

Bajo la lumbre de estrellas y la Luna,
hacia la solitaria lancha camino, me adentro,
su corazón inicio, vida, movimiento, avanzo
para imaginarme realidades,
para construirlas y encontrarlas.

(Y a Ella y junto a Ella).

Vida, es la vida.

(Santo Domingo, 27-II–1-III-2018)

VIAJE NOCTURNO BAJO LA LUNA

Mi sistema operativo Windows se desquicia,
con sus travesuras me roba horas y horas.
No se puede escribir poesía sin haber dormido,
Morfeo seduce, aprisiona tu cerebro,
conspira, no lo permite, Morfeo no perdona,
ni tampoco cuando tu computadora se declara en huelga,
¿dónde el cobijo para tus palabras?,
¿a la antigua, papel y tintas y tachones?
Quizás a lo Mozart funciona: retenerlas en el coco.
Vanas ilusiones, Mozart es Mozart, único.
Oh, pero hubo sí también un tal señor Borges (!).
Mmm, otro bicho raro...
Bueno, horas baldías, horas grises, nebulosas...

Había (o habrá) una vez,
así en nebulosas recuerdo,
bajo el Sol brioso yo piso mi camino...
Ah, ¡no!, ¡no!, perdón, retomo de nuevo:
Nocturno viaje bajo la Luna,
movimientos y reposo,
la ventana del tren es una puerta a otros mundos,
mundos en movimientos que mis miradas atrapan,
y es también espejo reflector de intimistas mundos
de mis cómplices temporales en el vagón viajante.

¡Bum! ¡Bum! ¡Bum!
Tres cocos acróbatas por el ventarrón ayudados
vuelan y sobre el techo del vagón aterrizan y aterrorizan.

¡Qué desgracia!
El universo es estocástico, nunca determinista.
Mmm, ¿estás seguro?
¿Existe la predestinación, el destino?
¿O el Comandante Supremo Arriba jugando ajedrez,
cuidando su amado rebaño?
¿O somos una simulación informática, *Matrix?*
¿Quizás microorganismos en una burbuja dentro de un
[charco artificial?
Mmm...
Chi lo sa? a.k.a. Who knows? o ¿Quién sabe?

La vida continúa tras los tres cocotazos,
no hay otra —vida o manera, tú o usted interpreta—,
entonces maravillas contemplo en el multiverso exterior,
mundos y mundos ante mis ojos pasan
cual un video adelantándose vertiginosamente,
mundos inconexos, variopintos, vibrantes:
una niña hermosa volando en su cielo con su bella madre,
un abuelo luminoso impartiendo luz a su nieto ensimismado,
un joven imaginando y narrando castillos
[y paraísos para su novia,
un padre soltando a su hijo en su primer vuelo de bicicleta,
perros alfas compitiendo por hembras en celos,
gatos y gatas en miau miau,
palomas cobijadas en palomares, caballos con sus jinetes,
todos iluminados por la Luna feliz y hermosa
y luces frondosas citadinas envidiosas de la Luna.

Aquí adentro en el vagón,
mundos intimistas en el vidrio reflejados,
parejas abrazadas y acurrucadas, padres e hijos,
almas solitarias algunas, descansos, sueños, silencio,
oh, ¿y esa bella solitaria allá leyendo?
¿Qué vanidad o profundidad de alma estaría Ella leyendo?
¿Qué hermoso universo su interior mundo?
Misterios que soluciones a mí me reclaman.

Misterio y misterios, qué misterios ante nuestros ojos.
Quisiera captar con la agudeza de Mozart (o Borges)
cada instante de vida de esos mundos, recordarlos,
y volver un día para conocerlos todos,
conectarnos, abrazarlos todos,
esparcirles mi alegría por coincidir conmigo,
aun si aleatoriamente, efímeramente,
en este efímero trayecto, en esta vida.
Quisiera, sí, eso yo quisiera…

Me levanto, mi asiento abandono,
camino hacia Ella, la bella de lectura y todo misteriosos,
imanes son sus misterios, a mí me reclaman,
yo busco puente y conexión. Allá voy.

(Santo Domingo, 11–12-XII-2017)

SUEÑOS DE ISLAS

1. FORMOSA

Un día de un año,
asomé al mundo,
recibí la luz primera
—y yo recordarlo no puedo—,
nací en una isla
donde anidan la esperanza
y la soledad,
donde los tifones siempre azotan
mas su espíritu destruir nunca logran.
Atrapada en su historia,
su pasado y el pasado del pasado,
milenaria civilización y culturas autóctonas,
ocupaciones, guerras,
de la derrota a la redención
al renacimiento, avanza,
intrépida y ansiosa,
mira a su presente y futuro
y su soledad y aislamiento.
El futuro que sueña, construye y se merece,
¿a dónde se esconden sus amigos?
Llama al futuro y a la historia.

2. QUISQUEYA

Un día de otro año,
volé medio mundo
a otra isla, que es hoy mi isla,
isla rodeada de hermanas grandes y chicas,
y amigos alrededor del mundo
—y la soledad aquí no asoma—,
a una patria que es dos tercios de la isla,
donde anidan la esperanza
y el desengaño.
Explosión de choques y mezclas violentas,
fusión de sangres a espada, fuego y sangre,
de la gloria y luz
a saqueos, abandonos y olvidos,
tirones y empujones con la hermana tercia de la isla,
de ocupaciones y dictaduras a gestas gloriosas,
de ilusiones a desilusiones y pesimismos
y retornan los clamores e ilusiones en círculos.
Su Sol y corazón de merengue,
sus playas y mares de bachata y palmeras,
sus huracanes que no son taínos sino caribes,
su alegría que no desfallece a pesar de las tristezas,
sus caobas, cedros y samanes que desafían huracanes.
Su futuro, ese futuro que desea y se merece,
a la espera de que sus hijos,
con ilusiones y desilusiones,
sepan ser como sus excelsos peloteros,
lancen, bateen y corran con supremo ahínco,
y lo construyan con justeza, bravura y optimismo,
sin desmayos, sin lamentar su pasado.

3. TRES HERMANAS

Un día de otro año,
en mi isla dentro de mi isla,
viajé a través de la pantalla y silicios
y avisté varias remotas y solitarias islas,
dispersos terruños en medio de océanos infinitos,
desprovistas de almas humanas,
enfrentadas a climas agrestes,
mas tan llenas de vidas, fascinantes vidas,
vidas que solo desean ser vidas
sin perturbaciones ni lágrimas artificiosas.

Paralelo 46º sur con meridiano 51º este,
perdidas en el océano Índico, sur del sur,
allí las islas Crozet con su imperturbable soledad,
sus salvajes tundras, gélido clima,
su fauna, sus focas, pingüinos, ballenas, sus aves,
sus albatros…

Paralelo 54º sur con meridiano 36º oeste,
en las aguas salvajes del Atlántico sur,
allí las islas Georgias del Sur y Sandwich del Sur
en su tranquila soledad, impasible,
sus tundras e inclemente clima polar,
su fauna, sus pingüinos, focas, elefantes marinos,
sus ballenas, aves, petreles,
sus albatros…

Paralelo 27º norte con meridiano 177º oeste,
allí el atolón de Midway,

con su historia heroica de sangres,
abandonado en medio del océano Pacífico,
en la medianía de Asia y Norteamérica,
amenazado por un monstruo de continente de plásticos,
necedad de la cúspide de vida de esta Tierra,
siendo albergue de magnificencias de vidas
que buscan simplemente continuar como vidas,
allí sus focas, tortugas y aves y aves por millares y millares,
allí los albatros de Laysan,
allí la esperanza encarnada en la albatros matrona Wisdom.
Midway quiere sobrevivir y vivir.

Tres series de remotas islas
de mí a tan largas distancias,
tan largas distancias entre ellas,
albergues y protectoras de vidas
que yo en la lejanía las designo hermanas,
hermanas en su aislamiento,
en su acogida y lucha por la vida,
hermanas en su magnificencia y hermosura.
Decidme,
¿sobrevivirán las tres hermanas
a la furia y ascensión de los océanos?
Decidme,
¿sobrevivirá la vida en esas tres hermanas?

4. EPÍLOGO

Y está Tristan da Cunha en el Atlántico sur,
paralelo 37º sur con meridiano 12º oeste,
tan remota poblada isla, solitaria,
su volcán siempre amenazante,
pero allí están sus vidas humanas
que abandonarla no desean
y está su fauna fascinante.
Albatros, ¡sí, albatros!

Quisiera visitarla un día
y a esas tres hermanas.

Porque de una isla broté, en una isla he vivido,
yo isla, isla soy yo
—y nacen más islas hoy que nunca
y la muerte acecha islas hoy más que nunca—,
islas remotas, lejanas, solitarias,
fascinantes, vidas,
albatros, noble ave marina majestuosa
de larga vida, viajero excelso infatigable,
sus solitarios viajes circunnavegando la Tierra,
¿qué otra criatura vuela 5000 kilómetros
sola y solamente para pescar comidas para su cría?,
¿qué criatura circunnavega en 46 días la Tierra?

Eso, es eso, anhelo verlos para asombrarme
de que la vida,
aun solitaria,
aun aislada y remota,
aun agrestes sus entornos,
puede ser majestuosa
y siempre anhelante por un futuro mejor.

(Santo Domingo, 28–29-IX-2017)

ÍNDICE

IV. VISLUMBRES DE VIDA